NATIONAL GEOGRAPHIC

Peldaños

LA BAHÍA DE CHESAPEAKE

CHESAP

en barco pesquero

por Barbara Keeler

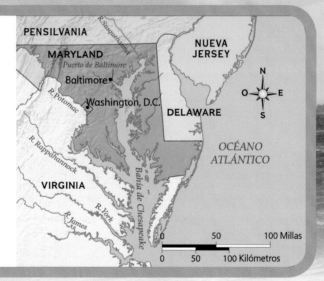

La bahía de Chesapeake se extiende más de 11,600 kilómetros cuadrados (4,480 millas cuadradas). Es un área mayor que el estado de Delaware.

B ienvenido a la bahía de Chesapeake. Estamos a punto de abordar un barco llamado *skipjack* para cruzar Chesapeake. ¿Qué tiene de especial un viaje a bordo de un *skipjack*? Bueno, los *skipjack* son antiguos barcos de trabajo que han navegado Chesapeake por más de 200 años. Estos barcos pesqueros se usaban para dragar o cavar a lo largo del fondo de la bahía en busca de ostras. En la actualidad, los barcos a motor han reemplazado a la mayoría de los *skipjack*, por lo tanto, navegar en *skipjack* es como viajar al pasado.

Un *skipjack* avanza a gran velocidad por las aguas de la bahía. El viento sobre las velas desplaza el barco con velocidad hacia delante.

Cuando zarpemos para descubrir la bahía, no te olvides de mirar hacia arriba y sentir uno de los **recursos naturales** más abundantes de la bahía, ¡el viento! El viento llena las enormes velas del *skipjack* y desplaza el barco por la bahía. A la distancia puedes divisar barcos a vela que corren carreras. A medida que se desplazan por el agua, pueden intentar robarse el viento entre sí. Para robar el viento, un barco se coloca junto a otro y se interpone entre el viento y la vela de ese barco. Esto le bloquea el viento al otro barco. Así, el primer barco le roba el viento al segundo y obtiene una ventaja.

Aguas abiertas

Ahora navegamos hacia aguas abiertas. La bahía se extiende en todas las direcciones y hay agua por todos lados. El agua es el recurso natural más preciado de la región de la bahía. A medida que sube y baja en el agua, el *skipjack* acelera y el agua te rocía la cara. Si te lames los labios, sentirás el sabor del agua ligeramente salada.

El agua de la bahía de Chesapeake, como el agua en toda la Tierra, se mueve continuamente del suelo al aire y viceversa. Esto se conoce como **ciclo del agua.** La energía del sol calienta el agua y la convierte de líquido a vapor de agua, un gas. Este cambio se llama evaporación. El vapor de agua se eleva en el aire, luego se enfría y se condensa en gotitas de agua que forman las nubes. La condensación es el cambio de un gas a un líquido. La lluvia cae de las nubes a la superficie de la Tierra.

El vapor de agua se enfría y se condensa y forma nubes.

El calor del sol produce la evaporación.

La lluvia u otras formas de precipitación caen de vuelta a la tierra y restablecen el agua de la bahía.

Esta foto es una vista aérea de parte de la bahía de Chesapeake y sus múltiples marismas.

La bahía de Chesapeake es el **estuario** más grande de los Estados Unidos. Un estuario es un lugar donde un río se ensancha y se encuentra con un cuerpo de agua más grande. El agua que ingresa a la bahía proviene de enormes ríos como el Susquehanna, el Potomac, el Rappahannock y el James. Esos ríos y otros arroyos llevan el agua dulce a la bahía. La bahía luego se encuentra con el agua salada del océano Atlántico.

El agua de la bahía es dulce en los arroyos y los ríos, y cerca de ellos. Es salada cerca de la boca que desemboca en el océano Atlántico. Allí, donde el agua dulce y salada se encuentran, el agua es **salobre:** una mezcla de agua dulce y salada. La mayor parte del agua de la bahía es salobre.

El agua da muchas oportunidades para el transporte y la recreación. Los kayaks son comunes en la bahía y las marismas.

A lo largo de la costa

A medida que el *skipjack* cruza a través de la bahía hacia la costa occidental, verás una vasta área de espartina. La espartina y las totoras se agrupan a lo largo de la costa. Las marismas son humedales que la marea inunda todos los días. Las marismas de la bahía son importantes para la vida silvestre, ya que proporcionan alimentos y protección a muchas especies de peces y aves.

La vallisneria es una importante especie de planta acuática. La vida silvestre de la bahía depende de ella para subsistir.

El capitán debe tener cuidado de que el *skipjack* encalle cuando se acerca a la costa. Cuando te acerques a la costa, mira al costado. ¡Crece hierba bajo el agua! Es vallisneria, una planta acuática. La vallisneria y otras plantas acuáticas ofrecen un hábitat a los peces, los cangrejos y los mariscos.

Un poco más allá, el *skipjack* pasa por una costa boscosa. Hay un débil aroma a cedro y pino en el aire. Hace mucho, los altos pinos se usaban como mástiles para los barcos. En la actualidad, algunos árboles se usan como madera de construcción o para hacer papel.

Demos un giro al barco y dirijámonos de vuelta al puerto.

El mejor momento para ver el bosque es durante el otoño. Las hojas de los robles, las hayas y los sasafrás cambian. Adquieren tonos amarillos, anaranjados y rojos sorprendentes.

Navegar a casa

Observas la vida silvestre alrededor a medida que el *skipjack* regresa al puerto. Bandadas de gansos vuelan a lo alto en una formación en V. Los gansos y otras aves acuáticas se agrupan en bandadas en la bahía durante el invierno. Las aves como las grandes garzas azules y las águilas pescadoras se quedan todo el año. Incluso quizá divises ciervos de cola blanca, mapaches y otros animales salvajes en la costa.

A comienzos del siglo XVII, los exploradores decían que había "tantas ostras como piedras" en Chesapeake. En la actualidad, todavía se pueden dragar cargas de ostras de la bahía. Pero la pesca es mucho más pequeña.

Los pelícanos anidan en la costa de Chesapeake.

¿Qué otra fauna silvestre hay aquí? Observa bajo el agua y verás más. La bahía tiene muchas especies de peces y mariscos. Los róbalos, las anjovas, las ostras, las almejas y los cangrejos azules son algunos de los favoritos de la zona. Muchos residentes pescan estos manjares y muchos restaurantes sirven pescado y mariscos frescos.

Reflexionas sobre tu navegación alrededor de la bahía de Chesapeake a medida que el *skipjack* llega al puerto. Los recursos naturales de la bahía hacen que sea un lugar maravilloso para visitar y vivir.

Muchas especies de peces viven o visitan las aguas de la bahía, incluido el pez sapo, al que atrae la abundante provisión de alimentos de la bahía.

Compruébalo   ¿Cuáles son algunos de los recursos de la bahía?

Salvar la bahía

por Barbara Keeler

El capitán John Smith fue el primer explorador inglés que navegó la bahía de Chesapeake a comienzos del siglo XVII. Estaba maravillado por los abundantes **recursos naturales** que ofrecía la bahía. Pero la bahía es diferente para los exploradores actuales. Desde que Smith la exploró por primera vez, esta región ha atraído a millones de personas. Su población ha crecido a más de 16 millones de habitantes. Este aumento de población ha resultado en amenazas a la belleza natural del área y sus recursos. Pero se trabaja para mejorar la situación. Se trabaja para proteger y salvar la bahía mediante esfuerzos de **conservación.**

La Fundación Bahía de Chesapeake (CBF, por sus siglas en inglés) ha liderado la tarea para "Salvar la bahía". Desde la década de 1960, la CBF ha ejercido presión para que se aprueben leyes que protejan la bahía. Una vez que las leyes se aprueban, la fundación participa con los Gobiernos, las industrias y los ciudadanos para asegurarse de que estas leyes se cumplan.

La CBF también administra programas prácticos. Los voluntarios trabajan en el **restablecimiento** de lo que se ha perdido o dañado. Esto puede incluir el cultivo de ostras, la reforestación de los humedales, el restablecimiento de los bosques y la protección de los arroyos.

Los voluntarios plantan vallisnerias junto a la costa de la bahía de Chesapeake.

Un nuevo modo de cultivo

"Es bueno para el medio ambiente porque protege a la bahía", dijo Michael Heller, administrador de la granja Clagett en Maryland. Heller se refiere a las prácticas de agricultura sustentable que recomienda la CBF. En la granja Clagett se utilizan estas prácticas.

La **escorrentía** de las granjas es una de las causas principales de contaminación. El agua de lluvia corre y acumula nutrientes adicionales de los fertilizantes y los desechos de los animales. La escorrentía de las granjas también arrastra insecticidas y herbicidas. Finalmente, el agua de lluvia contaminada ingresa en los arroyos que desembocan en la bahía.

La CBF recomienda prácticas de agricultura sustentable. Estas prácticas incluyen plantar árboles y plantas junto a las vías fluviales para atrapar y filtrar la escorrentía. También incluyen reducir la cantidad de sustancias químicas que se usan en los cultivos. La CBF también recomienda plantar cultivos de protección en la tierra sin vegetación. Esto mantiene el suelo en su lugar y reduce la escorrentía.

Heller y sus trabajadores usan todos estos métodos. También alimentan el ganado en los pastizales, donde los nutrientes del estiércol impregnan el suelo. Trasladan el ganado para que no se coma el pasto hasta el suelo, lo que permite que los pastizales crezcan. En la CBF creen que si más granjas usan estos métodos, menos contaminantes llegarán a la bahía.

Vacas pastan en la granja Clagett.

Recuperar a un nativo de la bahía

"Las ostras pueden restablecerse y pescarse de manera sustentable con el método adecuado", dijo Tommy Leggett. Este es un científico de la CBF.

Las ostras estaban entre los recursos marinos alimentarios más abundantes de la bahía. Pero el exceso de pesca y las enfermedades han hecho que la población de ostras disminuya rápidamente. Las ostras no solo son sabrosas, sino que también le hacen bien a la bahía. Las ostras se alimentan filtrando algas del agua. En el proceso, también filtran sedimentos y otros contaminantes. Esto ayuda a mantener el agua de la bahía clara y sana. Los arrecifes de ostras también proporcionan un hábitat para los peces y los cangrejos.

El equipo de Leggett trabaja con voluntarios para hacer prosperar las poblaciones de ostras de la bahía. Primero, los restaurantes locales donan conchas de ostras, que los voluntarios lavan y colocan en bolsas de malla. Apilan las bolsas de conchas de ostras en tanques de agua que contienen pequeñas **larvas** de ostra.

Las diminutas ostras se adhieren a las conchas después de unos días. Los voluntarios entonces vacían los tanques y pasan las conchas a canastos. Los canastos se llevan a los ríos Lafayette y Piankatank. El equipo de Leggett luego bota las conchas sobre los arrecifes de ostras, que están más allá de los límites de la pesca de ostras. Estos esfuerzos de restablecimiento han ayudado a brindar esperanza para restablecer las ostras en la bahía.

∨ Los voluntarios de la CBF trabajan en un proyecto de restablecimiento de ostras.

Tommy Leggett muestra un grupo de ostras durante un proyecto para su restablecimiento.

15

Estudiantes que ayudan a las ostras

"En la escuela de Christchurch reconocemos que la ostra nativa está en problemas en la bahía de Chesapeake, y sabemos que podemos hacer la diferencia", dice Will Smiley, un maestro de Ciencias. Christchurch está sobre el río Rappahannock, en Virginia. Está en una ubicación perfecta para formar parte del restablecimiento de ostras. Con la ayuda de la CBF, los estudiantes han reunido más de medio millón de ostras, las que colocan en arrecifes de ostras cerca de la escuela.

Los estudiantes clasifican y limpian las ostras a medida que estas crecen. Las ostras más grandes se colocan en jaulas especiales para protegerlas y bajarlas hasta el fondo del río. Los estudiantes monitorean las ostras hasta que alcanzan aproximadamente 7.5 cm (3 pulgadas) de largo. Luego las ostras se recogen y se venden durante el otoño y el invierno. Christchurch es un distribuidor de ostras autorizado.

En la escuela creen que ayudar a las ostras también ayuda a los estudiantes. En la escuela se usa el programa de las ostras para enseñar sobre ecología, economía, historia, resolución de problemas y sustentabilidad.

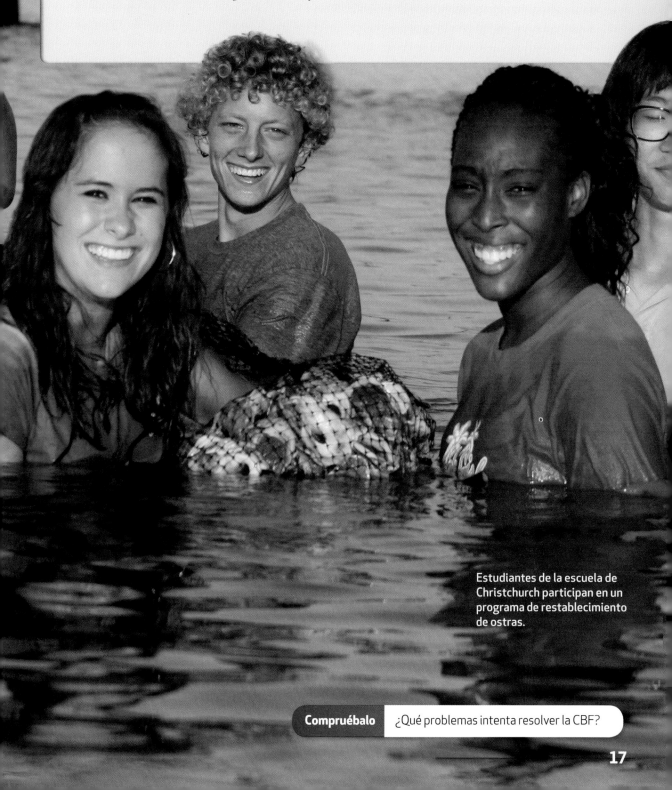

Estudiantes de la escuela de Christchurch participan en un programa de restablecimiento de ostras.

Compruébalo   ¿Qué problemas intenta resolver la CBF?

Pesca de cangrejos

en la bahía

por Richard Easby

¿Alguien quiere pastel de cangrejo?

Este plato de la bahía de Chesapeake es famoso en todo el país. La manera fácil de prepararlo es comprar carne de cangrejo. La manera difícil es pescar los cangrejos. Antes de mostrarte cómo pescar cangrejos, aprendamos sobre ellos. Primero, ¿dónde puedes encontrar cangrejos? El cangrejo azul pasa tiempo en todos los hábitats de la bahía durante su vida. Los machos adultos viven en las aguas más dulces de la bahía, excepto durante la temporada de apareamiento. Las hembras adultas viven en el agua más salada que llega a la bahía desde el océano.

Durante la temporada de apareamiento, la hembra libera sus **larvas** en agua salada cerca de la boca de la bahía. Las larvas son diferentes de los adultos. Pasan el comienzo de su vida en el océano, y luego emigran a la parte superior de la bahía y los ríos. Aquí, los cangrejos jóvenes crecen en áreas pantanosas de alga marina. Los cangrejos azules hibernan en las fosas profundas de la bahía en invierno. Cuando el estado del tiempo es cálido, emigran a aguas menos profundas.

Los cangrejos tienen patas traseras con forma de remo para nadar.

La coraza del cangrejo no crece. A medida que el cangrejo se hace más grande, debe mudar, o despojarse de su coraza.

Los cangrejos tienen tres pares de patas para caminar.

macho

El cangrejo macho tiene un abdomen estrecho y afilado.

hembra inmadura

El cangrejo hembra inmaduro tiene un abdomen triangular.

hembra madura

El cangrejo hembra maduro tiene un abdomen ancho y redondeado.

hembra con huevos

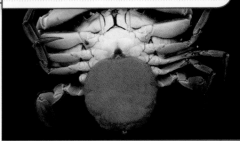

El cangrejo hembra con huevos tiene una masa de huevos que parece una esponja.

Qué necesitarás

Es divertido atrapar cangrejos con una línea de pesca o una red. De esta manera se atrapa un cangrejo por vez. Quizá no atrapes un gran número de cangrejos en Chesapeake, pero puedes atrapar los suficientes para comerlos si lo haces de la manera correcta. Comienza por reunir todo lo que necesitarás.

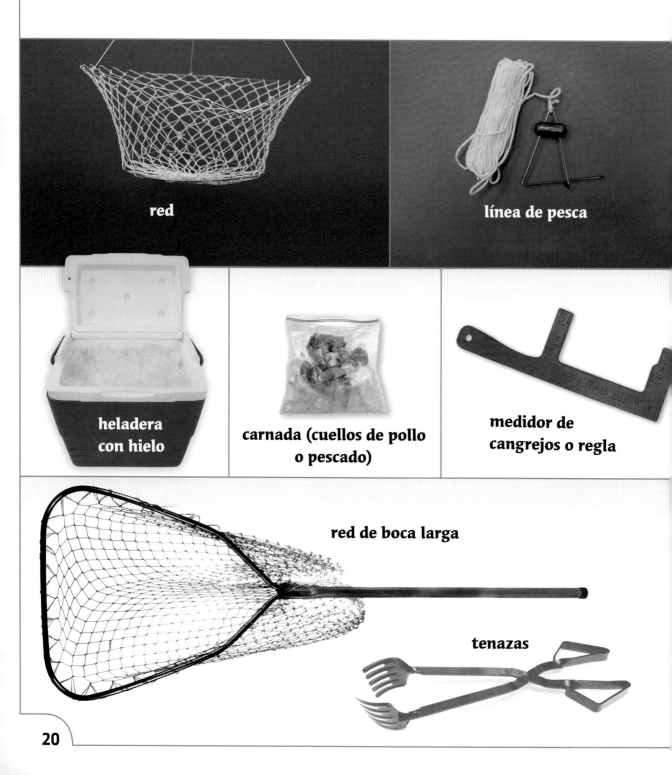

red

línea de pesca

heladera con hielo

carnada (cuellos de pollo o pescado)

medidor de cangrejos o regla

red de boca larga

tenazas

1. Halla un buen lugar.

Primero, elige tu lugar para pescar cangrejos. Este puede ser un muelle de pesca o un puente público. También puedes pescar desde un barco.

2. Coloca la carnada en la red.

Luego, ata tu carnada a tu línea de pesca o asegúrala al fondo de tu red. Los cuellos de pollo son una buena carnada. Son suficientemente carnosos para atraer a los cangrejos, pero suficientemente huesudos para que los cangrejos no puedan despedazarlos rápidamente.

3. Suelta tu red.

Luego, suelta tu línea de pesca o red con carnada en el agua. Sostén la línea o átala al muelle. Cuando sientas o veas que la línea se mueve, puede que hayas atrapado un cangrejo. Tira de la cuerda muy lento. No te sientas frustrado si el cangrejo se sale. Esto suele suceder cuando pescas cangrejos con una línea. Simplemente vuelve a soltar la línea e inténtalo de nuevo.

Si usas una red, quizá no sepas si un cangrejo se come la carnada. Espera 15 minutos, luego tira de la cuerda rápido para ver si atrapaste alguno.

4. Toma el cangrejo.

Si tienes un cangrejo en una línea de pesca, deberás tener preparada tu red de boca larga. Pide a otra persona que te ayude con la red. Baja la red al agua solo después de que veas al cangrejo. Intenta evitar golpear accidentalmente al cangrejo con la red. Eso puede hacer que el cangrejo se libere y se vaya nadando. Los cangrejos se asustan con los ruidos o si tiras de la línea muy rápido. Si todo sale bien, atrapa al cangrejo con la red y luego colócalo en la heladera. Mídelo para asegurarte de que tu cangrejo tiene el tamaño permitido. Consulta en las normas locales de pesca el tamaño y el tipo de cangrejo que puedes pescar.

Receta del pastel de cangrejo

Ahora estás listo para comer tus cangrejos. Esta es una receta tradicional de pastel de cangrejo. Como dijo un residente de la bahía de Chesapeake: "Si creces cerca de la bahía de Chesapeake, aprendes que los cangrejos son tan valiosos como el oro. Hago pastel de cangrejo desde que tengo edad para llegar a la mesada de la cocina".

Ingredientes

450 gramos (aproximadamente una libra) de carne de cangrejo

*⅓ taza de galletas saladas trituradas

3 cebollines, finamente picados

½ taza de pimiento rojo

½ limón, jugo

1 huevo batido

¼ taza de mayonesa

1 cucharadita de mostaza preparada estilo Dijon

1 cucharadita de salsa Worcestershire

1 cucharadita de sal

⅓ taza de aceite vegetal o de oliva

Instrucciones de 5 pasos

1. Quita los trozos de coraza de la carne de cangrejo.

2. Tritura las galletas saladas en trozos pequeños y colócalas en un tazón mediano con la carne de cangrejo. Agrega los cebollines, los pimientos, el jugo de limón, el huevo, la mayonesa, la mostaza, la salsa Worcestershire y la sal.

3. Mezcla los ingredientes a mano. No manipules demasiado la carne de cangrejo. Mantén la carne en trozos tanto como puedas.

4. Forma 6 pastelillos con la mezcla.

5. Calienta el aceite en una sartén plana a fuego medio. Cuando el aceite esté caliente, agrega con cuidado los pasteles de cangrejo. Fríe dos por vez. Fríe de 4 a 5 minutos hasta que estén dorados. Dalos vuelta con cuidado y cocínalos otros 4 minutos hasta que estén dorados.

*Puedes hacer esta receta sin gluten utilizando galletas saladas sin gluten.

Compruébalo ¿Cuáles son los pasos para atrapar cangrejos?

por Mark Schmidt

EL PUERTO DE BALTIMORE

Mark Schmidt, Director de Terminal, Facility Ports America Chesapeake

¡Bienvenido al puerto de Baltimore! Mi nombre es Mark Schmidt. Trabajo aquí en el puerto. Es uno de los lugares de despacho de mercancías con más actividad en la región de la bahía de Chesapeake. Barcos de todo el mundo atracan aquí. Luego se carga y se descarga cargamento que contiene toda clase de mercancías. Es un movimiento constante de máquinas, personas y productos. Permíteme contarte más sobre lo que quiero decir.

Me gusta observar cómo sucede todo. De hecho, ¡es mi trabajo! Observo desde mi oficina, con un par de binoculares. Mi oficina está justo al borde del agua y tiene la mejor vista del puerto.

Observo el proceso de despacho de mercancías. Cada barco llega al puerto, atraca, se descarga, se carga de nuevo y luego se va. Cada barco de carga debe tener un práctico que ayude a la tripulación a atracar o estacionar. El práctico se asegura de que cada barco atraque de manera segura. Un bote pequeño lleva al práctico hacia el barco que ingresa.

El práctico de atraque dirige el barco a través del puerto y a un **amarradero.** El amarradero es el área junto a la costa donde atracan los barcos. Yo administro la Terminal Marina Seagirt. Incluso los barcos más grandes pueden atracar aquí. Tenemos un amarradero nuevo de 15 metros (50 pies) de profundidad. Así que podemos aceptar barcos bastante grandes y muchos cargamentos.

El puerto de Baltimore está en Baltimore, Maryland. La bahía de Chesapeake es la ruta acuática hacia y desde el océano Atlántico.

Un barco atraca en un amarradero de la terminal. Las grúas gigantes de la terminal cargan y descargan los contenedores de despacho.

La Terminal Marina Seagirt administra barcos portacontenedores que llevan contenedores enormes de metal llenos de productos. Necesitamos grúas gigantes para levantarlos. Algunas de nuestras grúas más nuevas son tan altas como un edificio de 14 pisos.

Las grúas son tan altas que apenas caben debajo de algunos de los puentes más grandes. Cuando nos enviaron las grúas, me monté en una. ¡La vista era aún mejor que la vista desde mi oficina!

Los trabajadores del amarradero colocan el cargamento en camiones y vagones. Las tenazas gigantes de acero de la grúa levantan contenedores de 12 metros (40 pies) de la cubierta del barco. Luego los cargan en camiones remolcadores. Los trabajadores se sientan en cabinas a 45 metros (150 pies) de altura y operan la grúa para levantar y bajar cada contenedor.

Una vez cargados, los camiones y los trenes pueden comenzar su distribución. La ubicación del puerto permite distribuir el cargamento en 24 horas a aproximadamente el 35 por ciento de las fábricas de los Estados Unidos y el 32 por ciento de su población.

Después de que se descarga un barco, los camiones se alinean de a tres con contenedores listos para despachar. Los contenedores pueden contener **recursos naturales** como madera o soja de la bahía de Chesapeake.

Las grúas cargan los contenedores de los camiones al barco, apilándolos uno encima de otro. El práctico guía entonces el barco hacia la bahía. Allí, otro práctico que conoce bien la bahía de Chesapeake guía el barco al océano. Luego, el capitán del barco guía el barco a través del océano.

Espero que hayan disfrutado aprender cómo se trabaja en el puerto de Baltimore y qué tan importante es la bahía de Chesapeake para transportar cargamentos a través de la región.

Las grúas mueven contenedores de un barco a los camiones que esperan.

Compruébalo ¿Qué tiene de importante la ubicación del puerto de Baltimore?

Comenta

1. ¿Sobre qué recursos de la bahía de Chesapeake aprendiste en cada lectura? ¿Cómo se usan estos recursos?

2. ¿El medio ambiente donde vives se parece o es muy diferente al de la bahía de Chesapeake? ¿Qué recursos hay donde vives?

3. Comenta con un compañero qué se hace para salvar la bahía. ¿Qué esfuerzos conoces en tu comunidad para ayudar al medio ambiente local?

4. ¿Qué preguntas le harías a Mark Schmidt sobre su trabajo en el puerto de Baltimore? ¿Cómo puedes hallar las respuestas a algunas de estas preguntas?

5. ¿Qué te sigues preguntando sobre la bahía de Chesapeake? ¿Cómo podrías saber más?